愛知

すてきな旅CAFE

海カフェ&森カフェ

office HIRAI 著

Mates-Publishing

CONTENTS

広域 MAP

一宮市

Yut@cafe P20
Neji P24

大口町

CAFE SUKKO P30

犬山市

カフェ さくら坂 P28

瀬戸市

古民家 久米邸 P8
PuPu cafe P12
薬膳茶 Soybean Flour at きらら P16
黒猫とほうき@ Tanecafe P26

津島市

INUUNIQ VILLAGE P32

知多市

NEST by THE SEA P56

常滑市

sugi cafe P40
茶房 たんぽぽ P42
MADOYAMA P44
ni:no P46

美浜町

フレベール ラデュ P36
Café エリオット P48
南の島のカフェレストラン TERRACE NOANOA P52

安城市

BUNT COFFEE P72

蒲郡市

茶房 お花 P112

この本の使い方

❶ 店内・外観写真

店内・外観写真などを掲載しています。

❷ 店舗名

お店の名前とふりがなを掲載しています。

❸ 市町村名

お店がある市町村名を掲載しています。

❹ 紹介文

来店時の印象や感想のほか、お店に関する情報を掲載しています。

❺ メニュー

オススメのメニューなどを紹介しています。

❻ データ

電話番号、住所、営業時間、定休日、駐車場、席数、ホームページ、現地までのアクセス情報を載せています。

❼ 周辺地図

お店周辺の地図を掲載しています。★印がお店の場所になります。

※この本に掲載されている情報は、2018年4月現在のものです。店舗により料金が変更されている場合がありますので、事前に必ずご確認ください。

はじめに

今までもカフェガイドの制作には幾度となく関わってきましたが、今回は愛知県の中でも、あえて名古屋市内を外し、「旅カフェ」をテーマにお店をセレクトしようと動き始めました。

遠方へ足を運ぶことが多くなり、制作には予想以上に時間がかかりました。ただその分、魅力あふれるお店をたくさん発見できたと思います。なかには人口減少が進む過疎地で頑張るカフェなどもあります。本当に微力ではありますが、この本が少しでもこうした地域の活性化に繋がればと願っています。

今回ご協力いただいたお店の皆様には本当にお世話になりました。また、休日を返上して遠方までリサーチに付き合ってくれた家族にもこの場を借りて感謝したいと思います。

この本がステキなお店との出会いを生むきっかけになればうれしいです。

瀬戸

明治後期築の歴史ある古民家で
庭園を愛でながら絶品スイーツを

古民家《こみんか》 久米邸《くめてい》

今から 100 年ほど前に建築された歴史的建造物・久米邸。館内には眼科医院として使われていた時代の面影も残る。風情を感じながらゆったり寛げるカフェだ。

近代瀬戸窯業を代表する川本枡吉家の別邸として明治後期に建てられた建物を改築。カフェとして再生を果たした「古民家久米邸」は、縁側付きの和室や優雅な佇まいの洋室でくつろぎながら、優しい味わいの甘味を楽しめるのが魅力の一軒だ。

築100年を超える「古民家久米邸」は、元々店主・中田真紀さんの母方の実家。祖父が眼科医をしており、戦後、この歴史ある建物を改築して眼科医院を開業した。昭和55年に閉院し、取り壊す話も出たそうだが、「思い出の場所がなくなるのは寂しい」と中田さんがカフェへとリニューアル。そのため店内には、今でも眼科医院時代の名残を見ることができる。

評判のスイーツはほとんどすべて中田さんの手作り。ショップも併設されており、待ち時間に表情豊かな器や作家たちの作品を選ぶのも楽しい。

庭園を華麗に彩る
四季の花と緑に心癒される

上：細い坂道を進んだ先に現れる一軒家。風情ある佇まいに心惹かれる。左：自家製のくずもち お茶付き600円。下：奥にはアンティークの調度品が並ぶ洋室もあり。こちらでゆったりくつろぐのもお勧めだ。

カフェスペースとして利用されている母屋の和室。硝子戸の向こうには、四季折々の自然を感じる庭園が広がる。

玄関をくぐるとゆったりと時間が流れている。

Menu

自家製黒糖くずもち
お茶付き　600円
珈琲または紅茶付き　700円
季節の蒸しケーキ（柚子・抹茶）
珈琲または紅茶付き　700円
珈琲、紅茶、自家製ジンジャーティ
各400円
※季節により変更あり

昔懐かしい調度品もあり
レトロな雰囲気が魅力♪

Information

☎ 0561・84・5396

住所●瀬戸市朝日町49-3
営業時間● 11：00～17：30
定休日●火曜・水曜
駐車場●近くに市営駐車場あり
客席●約20席（全席禁煙）
アクセス●名鉄瀬戸線尾張瀬戸駅から徒歩4分ほど。商店街から小さな坂道を登った先に見えてくる

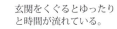

瀬戸

緑深い山に抱かれるように建つカフェ
テラス席でリラックスした休日を満喫

PuPu cafe

ププ カフェ

窯元が集まる瀬戸市・赤津地区にひっそりと佇む「PuPu cafe」は、木の温もりあふれるテラス席が魅力。リゾート感たっぷりの特別な休日を堪能できるはず。

焼き物の町として全国に知られる瀬戸市。なかでも赤津地区は、数多くの窯元が集結していることで知られる。そんな赤津地区にある「PuPu cafe」は、ハワイ好きの母娘2人が切り盛りするリゾート感たっぷりのカフェだ。

この店がオープンしたのは、2013年5月。建物は木をふんだんに使ったログハウスの建物で、軒下のテラス席のほか、広々とした芝生の庭園でゆったり過ごすこともできる。雑木林だった山を自ら切り拓いて造ったという庭は、外からの視線を気にすることなく静かで優雅な時間を過ごせるのが魅力だ。

料理にもこだわりが感じられる。コーヒーは注文を受けてから一杯ずつ挽きたてを提供。名物のタイカレーも厳選食材を使った本格派だ。店主が各地の陶器市で集めたという器との組み合わせもステキだ。

ハワイアンテイストのグルメ＆スイーツは絶品

上：店内は開放感抜群。ウッドデッキのテラス席を利用するのもお勧め。左：ココナッツミルクのまろやかさと後から来る辛さがクセになるタイカレー 750 円。下：ホットコーヒーは食事とセットで 100 円 OFF。

木の心地よい香りが漂うログハウスの店内。外には緑がまぶしいガーデンが広がり、リゾート感たっぷりの空間。

ワークショップなどで貸切利用することも可能。

Menu

ブレンド	500円
タイカレー	750円
ガパオライス	800円
ガーリックシュリンプ	850円
キモズ風パンケーキ	800円
小倉パンケーキ	600円
アサイーボウル	850円

心地よい風が肌を撫でる
庭のテラス席が最高♪

Information

☎ 0561・58・1617

住所●瀬戸市西窯町 161-4
営業時間● 11：00 ～ 17：00
定休日●日曜・月曜
駐車場● 7 台
客席● 24 席（敷地内禁煙）
https://pupucafe.jimdo.com/
アクセス●名鉄瀬戸線尾張瀬戸駅から車で 5 分ほど。
ナビ入力時は隣にある東明公民館で検索すると便利

瀬戸

定光寺へ向かう途中にある隠れ家
マイナスイオンたっぷりのカフェ

薬膳茶
Soybean Flour at きらら

やくぜんちゃ ソイビーンフラワー アット きらら

定光寺に向かう坂道の脇に看板を見つけて来店すると、そこには別世界を思わせる幻想的な光景が待っていた。美しい滝を眺めながらのティータイムは格別だ。

１３３６年に創建された臨済宗の寺院・定光寺。紅葉の名所としても知られるこの古刹に向かう途中、定光寺川が流れる渓谷にひっそりと佇む古民家カフェがこちら。

何よりの魅力はそのロケーションにある。道路沿いにある案内に従って渓谷へ降りていくと、目の前に荘厳な滝が見えてくる。滝のしぶきや渓谷のせせらぎは、屋外のテラス席はもちろん、店内のカウンターでも感じられる。季節ごとに表情を変える景色を眺めながら、ゆったりと過ごすひとときは格別だ。

メニューの中心は薬膳。国際中医薬膳師である店主の堀さんが出す、オリジナルの薬膳茶や薬膳を取り入れたスイーツは、どれも優しく体に染み入る味。自らオーガニックの農園を運営していた経験を活かし、できる限り無農薬・減農薬の食材を使ったランチなども人気だ。

視線の先にあるのは心地よいせせらぎを届ける滝

上：潤う 白キクラゲのデザート500円。左：市販のルーなどは使わず、漢方薬としても使われる香辛料で調理したチキンカレー700円。下：テラス席からは滝がすぐ近くに。心地よい風に癒されること必至。

窓へ視線を向けるカウンター席は、滝を見ながらゆったりくつろげる特等席。時間を忘れて長居したくなる。

作家の手作り雑貨なども展示販売されている。

Menu

薬膳茶	750円
ブレンド珈琲	500円
ジンジャーティー	600円
ほうじ茶（加賀棒茶）	500円
チキンカレー	700円
ベジカレー	700円
ランチ+薬膳茶セット（要予約）	1580円

川のせせらぎと薬膳茶で
心も体もリフレッシュ♪

Information

☎ 0561・48・6669

住所●瀬戸市定光寺町 323-12
営業時間● 10：00 ～日暮れ頃
定休日●水曜・木曜
駐車場● 10 台
客席●約 30 席（全席禁煙）
https://www.facebook.com/soybeanflour/
アクセス● JR 中央本線定光寺駅から徒歩 15 分。定光寺方面へと続く坂道沿いに店の看板が見えてくる

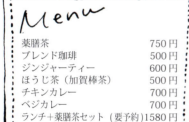

一宮

昔懐かしい機屋をリノベーション
レトロモダンな店内でゆったりと

Yut@cafe

ユタカフェ

かつて繊維業で賑わいを見せた一宮市。市内には今なおノコギリ屋根の機屋が数多く残る。「Yut@cafe」は、そんな機屋を活かしてオープンした注目のカフェだ。

かつて繊維産業の一大拠点として栄えた一宮市。市内には往時を偲ばせるノコギリ屋根の機屋が数多く残されている。「Yut@cafe」は、操業を終えた古びた機屋を、レトロモダンな空間へと見事に変貌させたカフェ。2016年、建築設計に携わるオーナーが開店させた。

外観は機屋の趣そのままに。その一方で、店内に足を踏み入れると、そこには昔の建材を活かし、白と木目を基調としたオシャレな空間が広がっている。

ランチはオムライスが名物。岐阜市の喫茶店「スーホ」の人気オムライスに惚れ込んだオーナーがその味を継承。長年の研究の末に辿り着いたという特製デミグラスソースの味を再現している。ティータイムには、彩りデザートプレートを用意。シフォンやガトーショコラなどの定番を含めて3～4種類から好きなものを選んで楽しめる。

レトロな空間がかわいい ノスタルジーに浸れる一軒

上：店内には蓄音機などのレトロな調度品がそこかしこに置かれている。左：3 種類あるランチのひとつ、とろとろたまごのオムライス 900 円。下：店内にはかわいらしい雑貨を販売しているコーナーもある。

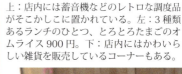

取り壊しの話が進んでいたという機屋を、オーナーの岩本さんが昔の雰囲気を残しながらリノベーションした。

壁には古びた時計も。レトロな雰囲気が楽しい。

Menu

コーヒー	480円
カフェラテ	530円
紅茶	480円
フレーバーティー	530円
抹茶ラテ	530円
とろとろたまごのオムライス	900円
トマトと根菜のカレー	900円

カフェインが少ない
フレーバーティーもあり

Information

☎ 090・8077・5588

住所●一宮市篭屋 4-11-13
営業時間● 11：30～17：00（LO16：15）
定休日●年末年始のみ
駐車場● 8 台
客席● 20 席（全席禁煙）
http://www.yutacafe.jp
アクセス●尾張一宮駅から名鉄バス起方面に乗車、篭屋バス停から徒歩１分。周辺は住宅街で一方通行の場所も。車での来店時には注意を

オープンキッチンから料理風景が見られる店内。手作りの料理が評判で、市内の朝採り野菜などを使用。

一宮

Neji

ネジ

市街地でのんびり味わう こだわりの珈琲＆グルメ

一宮駅西口から歩いて10分ほど、市街地に建つ古びたビルの外階段を上った先に、都市にいながら緑を身近に感じさせてくれる一軒のカフェがある。

店名の「Neji」とは、「ヒト、モノ、コトをつなげる場所でありたい」という店主の永野さんの想いから。栄養士として活躍後、カフェ巡りが大好きだったことから２０１４年に念願のお店をオープンさせた。

「料理はお母さんが作るような素朴な味に」と話す永野さんを含め、スタッフはほとんど現役の主婦。飽きのこない家庭的な味わいが魅力だ。

コーヒーは淹れ方にもこだわる。ホットは豆そのものの特徴を最大限に引き出すフレンチプレスで。アイスは高い香りと豆本来のコクを出す急冷式ペーパードリップで。日本人向けに食べやすい味にアレンジしたサバサンドもぜひ注文したい。

アイスコーヒー430円とブルーベリーの焼きタルト400円。

Menu

コーヒー	430円
グリーンスムージー	430円
自家製ソーダ	430円
ハートランドビール	500円
エビフライサンド	1050円
サバサンド	950円
デザートドッグ	400円

屋外にある植栽スペースには、野菜などが植えられている。

古びたビルの2階にある店内。男性でも入店しやすいようにと白と木目を基調としたシックな装いに。

名物のサバサンドは玉子サラダでマイルドに

Information

☎ 0586・46・2088

住所●一宮市八幡3-1-1 2階
営業時間● 10：00～18：00
定休日●日曜・月曜
駐車場● 10台
客席● 30席（テラス席は喫煙可）
http://nejicafe.com
アクセス●尾張一宮駅西口から徒歩約10分。ビルの2階にある。駐車スペースは道路の向かい側

里山の緑に抱かれるように建つ一軒家のベジカフェ。「黒猫とほうき」は元気な女性のイメージから命名。

瀬戸

黒猫とほうき @ Tanecafe

くろねことほうき　タネカフェ

のどかな里山のカフェ 野菜たっぷりのランチが人気

のどかな里山の風景が広がる瀬戸市島原町にあるこのカフェは、2012年1月、「Tanecafe」の店名でオープン。17年4月には店名を変えてリニューアルした。

店主の西牟田早苗さんは農家出身で、野菜ソムリエの資格の持ち主。「もっと野菜の魅力を伝えたい」と地元の野菜をふんだんに使ったメニューを提供する。店主自らDIYで作り上げたテラス席などもあり、自然豊かなロケーションの中でゆったりとくつろげる。

リニューアル後はメニューを厳選。ランチは2種類あり、そのうちの一つ、「黒猫とほうきのごはん」は、旬の野菜をたっぷり盛り込んだランチプレートだ。デザートには季節の野菜を使ったケーキなどを用意。近くには、新月と満月の日にしか開かない姉妹店「オオカミのおなか」も。こちらも要チェックだ。

野菜のケーキ400円。写真は小松菜とくるみのケーキなど。

Menu

黒猫とほうきのごはん	
黒猫のアヒージョ	
ドリンクセット	1350円
ケーキドリンクセット	1550円
ケーキ	400円
ブレンド	400円
ルビーなクランベリー	450円

香り豊かな自家製ぐつぐつHot ジンジャー450円。

店主の西牟田さん自らDIYで作り上げたという木目調のテラス席。里山の景色に包まれた心和む空間。

アイスコーヒーは こだわりのグラスで♪

Information

☎ 090・6399・6451

住所●瀬戸市鳥原町 208
営業時間● 11：00 ～ 17：00
定休日●日曜・月曜（臨時休業あり）
駐車場● 12 台
客席●約 15 席（全席禁煙）
https://www.facebook.com/TaneCafe.seto/
アクセス●名鉄瀬戸線尾張瀬戸駅から車で約 10 分。橋を渡り細い路地を進んだ先にある。駐車場は店舗横のほか、徒歩 1 分ほどの距離に広めの場所を用意

桜の木が目の前にあるウッドデッキのテラス席。太い幹の間からは国宝・犬山城の姿を見ることも。

犬山

カフェ さくら坂

カフェ さくらざか

桜の木に抱かれたカフェ テラスからは犬山城の姿も

国宝犬山城の城下町の一角、緑深い森に佇む一軒家カフェがこちら。２０１２年、オーナーの坂尾孝子さんが古民家の一部を改装してオープンした。

このカフェの魅力はそのロケーションの素晴らしさ。テラス席の目の前には樹齢１００年を超える桜の木が茂り、その太い幹の合間から犬山城の姿を見ることができる。春になると満開の桜がテラス席を包み込み、一面桜色に染まる中、城を見上げながら優雅な時間を楽しめるのが魅力だ。

極上フレンチトーストなどが人気だが、坂尾さんはアジア料理研究家として知られ、アジアの味覚を楽しませてくれるのもこの店ならではの特徴。ベトナムのサンドイッチ「バインミー」を味わえるほか、日本では希少なマレーシアのブランド紅茶で、芳醇な香りの「ＢＯＨティー」を飲むこともできる。

特別なパンに卵液を浸した極上フレンチトースト 700 円。

Menu

季節のランチ	1200 円～
犬山抹茶あんみつ	750 円
極上フレンチトースト	1400 円
バインミー三種	各 600 円
ココアラテ	550 円
犬山抹茶（お菓子付）	680 円
犬山のおもてなし	1200 円

店内にはマレーシアなどアジア各地の逸品などを展示する。

和とアジアンテイストが混じりあった大人の雰囲気漂う店内。地元野菜を使った季節の料理も人気を集める。

キャメロンティーは渋みもなく香りも◎♪

Information

☎ **0568・63・2577**

住所●犬山市犬山東古券 728
営業時間● 10：00 ～ 16：30
定休日●火曜
駐車場● 4 台
客席● 20 席（全席禁煙）
https://ameblo.jp/sakurazaka611/
アクセス●名鉄犬山線犬山駅から徒歩約 10 分。川沿いの駐車場に停車後、坂を上った先に見えてくる

まるで建物を包み込むように緑が茂った外観。市街地にありながら森を訪れたような非日常感を味わえる。

大口

CAFE SUKKO

カフェ スッコ

緑に包まれた店内で味わう こだわりのランチプレート

愛知県大口町の市街地の一角に「CAFE SUKKO」がオープンしたのは２００８年のこと。店主の松浦純さんは、東京でデザイン関連の仕事に従事するも、不規則な生活から体調を崩してしまうことに。そこで食の大切さに改めて気づき、愛知県に帰郷後、自らカフェを開店しようと一念発起。大口町で見つけた平屋の店舗をリノベーションし、ステキな空間を作り上げた。

松浦さんのこだわりは、「一人でもふらりと立ち寄れ、家庭で食べるような味を提供すること」。日替わりのランチプレート「小鉢のマルシェ」は、小さな小鉢が数種類出てくる。どれも手間暇かけて丁寧に手作りされたものばかりで、素朴で飽きのこない味わいが魅力だ。

マフィンも評判で、その種類は季節限定のものを含めて常時20種類以上。気軽にテイクアウトすることもできる。

窓の外には木々の緑が。ゆったりとした時間が流れている。

Menu

日替わりランチプレート	1080円
カレー	864円
コーヒー	432円～
紅茶	432円～
手作りジンジャーエール	540円
マフィン	378円～
黒ごまプリン	486円～

人気のランチプレート「小鉢のマルシェ」1080円。

エイジング技術を使い、アンティーク調に統一された店内。白を基調にした空間はとってもオシャレ。

新登場のチョコミントもおすすめですよ♪

Information

☎ 0587・95・2269

住所●丹羽郡大口町小口字下山伏 15-9
営業時間● 10：00～18：00
定休日●木曜
駐車場● 5 台
客席● 16 席（全席禁煙）
http://www.sukko.jp
アクセス●名鉄犬山線扶桑駅から車で約 5 分。国道 41 号線の下小口 5 交差点を右折し、1km ほど北上すると左手に見えてくる

津島

畑が広がるのどかな風景の中に夏限定で開店するオーガニックカフェ

INUUNIQ VILLAGE

イニュニック ヴィレッジ

「オーガニックと出会う、味わう、暮らす場所」をテーマにさまざまな取り組みを実践する「INUUNIQ VILLAGE」。夏にはかき氷が名物のカフェが開店する。

２００６年、名古屋市内にオープンした自給自足がテーマのオーガニックカフェ「みどりの屋根 INUUNIQ」。そのオーナー夫妻が、次なるステージとして津島市宇治町に立ち上げたのがこちら。敷地内には有機栽培のレジャー農園があり、手軽に農作業を体験することも。そして、毎年夏には期間限定でカフェが開店。すべてがテラス席という開放的な空間で、名物のかき氷などを頬張りながらゆったりくつろげるのがいい。

かき氷は、定番の品に季節のおすすめを加えた10種類ほど。三重県の青山高原の清水を使った氷に、無農薬栽培の果物を材料にした自家製シロップがかかる。一番人気は「沖縄ぜんざい」。黒糖で炊いた優しい味の金時豆がたっぷり盛られている。

テラス席近くには烏骨鶏の飼育小屋も。農業を身近に感じたい人にぴったりの場所だ。

自家製シロップを使った絶品かき氷をテラス席で

上：名物の沖縄ぜんさい。かき氷は 50 円追加で自家製練乳や抹茶、あずきをトッピングできる。左：スパイスをたっぷり入れたオリジナルのミルクチャイ 450 円。下：有機栽培を実践するレジャー農園もある。

すべて屋外のテラス席。周囲の緑を眺めながらのひと時は格別。荒天の場合は休みになるので事前に問合せを。

近くには畑や田んぼが。この開放感がステキ。

Menu

かき氷　沖縄ぜんざい		650円
かき氷　抹茶		650円
かき氷　黒蜜きなこ		650円
サータアンダギー	1個	150円
タコライス		700円
ハンドドリップ珈琲		400円
チャイ		450円

のぼりにも描かれた看板
鶏のピヨスケにも会える

Information

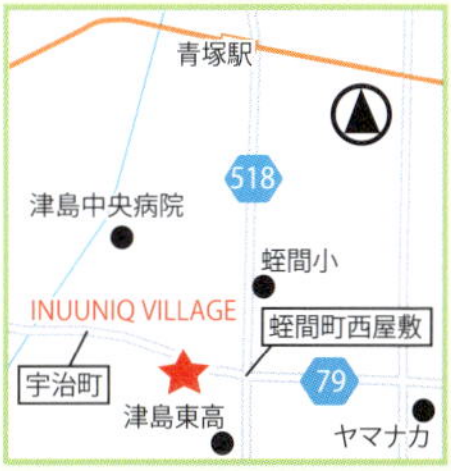

☎ 0567・58・5733

住所●津島市宇治町天王前144-1
営業時間●11：00～17：00
定休日●日曜・月曜、毎月12・28日※カフェの営業は5～9月までの期間限定
駐車場●6台
客席●約30席（全席テラス席）
http://inuuniqvillage.com
アクセス●名鉄津島線青塚駅から車で約3分。県道79号線沿いにある。大きな氷ののぼりが目印

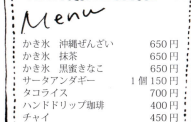

美浜

小高い丘の上に佇むパティスリー
緑まぶしいテラスから三河湾を一望

フレベール ラデュ

フレベール ラデュ

自然豊かな知多半島の中でも屈指の絶景ポイントとして人気のパティスリー。地元食材を使った絶品スイーツとともに、その美しい景色を心ゆくまで楽しみたい。

名鉄河和駅から北へ歩くこと約5分、三河湾を一望する小高い丘に建つのが「フレベール ラデュ」。瀟洒な白亜の外観を目指して林の中の坂道を進んだ先には、空と海がまぶしい絶景が待ち構えている。「知多半島の景色に惚れ込んでこの地にお店を構えました」と話すオーナーシェフの長瀬岳さん。テラス席でのカフェタイムは、まるで海外のリゾート地を訪れたような優雅なひと時だ。

食材には地元・知多半島で採れたフルーツなどを使用。30種類以上の自家製アイスクリームと旬のフルーツを組み合わせたパフェなどが人気を集める。ドリンクのほか、限定のブランチも提供。焼きたてのキッシュやベーグルに加え、新鮮野菜やフルーツもたっぷりの一品だ。

天気の良い休日の午後は混雑必至。席の予約はできないため、午前中を狙うのがおすすめだ。

知多半島の恵みを使った 珠玉のスイーツに出会う

上：いちごいっパイ 450円。季節限定のケーキや焼き菓子も多数。左：いちごづくしのパフェ「Tiara（ティアラ）」1600円。下：ヨーロッパを思わせるような開放的なカフェスペースでゆったりくつろげる。

店の外に設けられたテラス席。三河湾の景色を眺めたり、庭園を彩る季節の花を観賞したり。贅沢な時間を満喫。

国道 247 号沿いの駐車場から丘の上まで散策。

Menu

ブランチ（予約優先）	1300 円
ティアラ	1600 円
いちごパフェ	1350 円
チョコレートパフェ	1260 円
地中海パフェシチリア風	1500 円
マンゴーパフェ	1500 円
ブレンドコーヒー	630 円

おみやげにぴったりの
焼き菓子もたくさん♪

Information

☎ 0569・82・3568

住所●知多郡美浜町大字北方字立戸 14-1
営業時間● 10：00 ～ 18：00
定休日●水曜・第 2、4 火曜
駐車場● 67 台
客席●約 60 席（全席禁煙）
http://fraisvert-radieux.com
アクセス●名鉄河和線河和駅から徒歩約 5 分。国道 247 号線沿いに看板がある。駐車場は全部で 4 カ所

店内にはライカ、ハッセルなど往年のフィルムカメラを多数展示。実際に手に取って操作感を確認できる。

常滑

sugi cafe

スギ カフェ

カメラとクラシック音楽と趣味に没頭する大人の隠れ家

常滑市の中心市街地の小高い丘にある「やきもの散歩」。レトロな街並みに古民家を活かした飲食店や雑貨店などが点在する。「sugi cafe」もこの界隈にある古民家カフェのひとつだ。

オープンは２０１３年。本業の傍ら、趣味で革製品の製造・販売を手がけていた杉澤さん。自らの作品を扱っていた雑貨店が閉店すると知り、その後を引き継いでカフェとして開店させた。こだわりのコーヒーのほか、雑貨の販売、貸しギャラリーも併設。タンノイの大型スピーカーから流れる本格的なクラシック音楽の調べや、フィルムカメラに惹かれて遠方から足を運ぶ人も多いという。

開店時にはスペシャルティコーヒーを提供するため、京都に何度も足を運び、納得のいく味を追求。注文ごとに豆を挽き、新鮮な香りと風味を大切した一杯を楽しませてくれる。

辛口のタイカレー 1200 円。アイスクリームと飲み物付き。

Menu

本日の自家焙煎コーヒー	500 円
自家製ジンジャーエール	500 円
ケーキセット	800 円
タイカレーセット	1200 円

豆の個性を最大限に引き出すため、ぬるめの温度で抽出する。

カフェに併設したギャラリースペース。地元写真家などが自身の作品を発表する場として利用されている。

しょうが効いた自家製ジンジャエールも◎♪

Information

☎ なし

住所●常滑市栄町 3-88
営業時間● 12：00～17：00
定休日●火曜・水曜・木曜
駐車場● 3 台
客席● 20 席（全席禁煙）
https://www.facebook.com/sugicafetokoname/
アクセス●名鉄常滑線常滑駅から徒歩約 7 分。駐車場は青木動物病院駐車場奥の土管の前、または陶磁器会館駐車場（土日は有料）を利用

趣のある店舗の前には小さなテラス席も。常滑やきもの散歩道の途中にあるので休憩にもちょうどいい。

常滑

茶房 たんぽぽ

さぼう たんぽぽ

旬の魚介を使った昼膳とたんぽぽコーヒーが名物

常滑やきもの散歩道の中にある茶房がこちら。以前は陶磁器の工房として使われていた建物を改築。散歩途中にふらりとたり寄りたい癒しの和カフェだ。

こちらの名物が、店名の由来にもなっている「たんぽぽ珈琲」だ。漢方薬にも利用されるたんぽぽの根から抽出したエキスのほか、海藻エキス、大豆エキスなどを配合。サンザシの木から抽出した甘味も使われているため、ほんのり甘く飲みやすい。

お昼には旬の鮮魚を使った日替わりランチを用意。3～4種類のメイン料理から一つ選ぶことができ、味噌煮や塩麹焼きなど、手間暇かけて手作りされた素朴な家庭料理が楽しめるのが魅力だ。

店内の一角がギャラリーになっており、陶芸作品や骨董品などを購入することも。たんぽぽ珈琲を飲んだ後は、お土産を探してみるのも楽しそうだ。

本日のランチ1050円。写真はアジの塩こうじ焼き。

Menu

コーヒー	400円
たんぽぽ珈琲	450円
ハーブティー	450円
ゆず茶	400円
さくら茶	350円
たんぽぽ膳	1050円
抹茶（羊羹付）	650円

店内奥の部屋は、窓の外に土管が積まれていて味わい深い。

一枚板のテーブルが置かれた店内。和の風情漂う空間でくつろげる。陶芸作品や骨董品もたくさん並ぶ。

甘くて健康にもいい
たんぽぽ珈琲をぜひ♪

Information

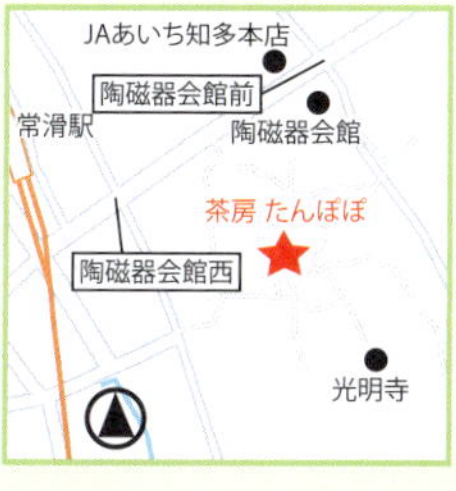

☎ 0569・35・4222

住所●常滑市栄町2-88
営業時間●10：00～17：00
定休日●不定休
駐車場●2台
客席●25席（全席禁煙）
アクセス●名鉄常滑線常滑駅から徒歩約8分。やきもの散歩道Aコース④⑧近くにある

1階のショップにはかわいらしい雑貨がずらりと並ぶ。料理を待つ間にお土産選びを楽しんでみては。

常滑

MADOYAMA

マドヤマ

かつての土管工場を改築 雑貨選びも楽しいカフェ

常滑やきもの散歩道にあり、落ち着いた雰囲気の空間でゆったりくつろげる人気のカフェ＆雑貨店。元々土管工場だった建物をリノベーションした店内は、1階が雑貨店、2階がカフェスペースに分かれており、散策ついでにぜひ立ち寄っておきたい一軒だ。

カフェの人気メニューは自家製カレー。「VEGETABLE CURRY」は、野菜をじっくり煮詰めて数種類のスパイスを合わせた名物。季節の野菜がふんだんに使われているのが特徴だ。季節のパルフェ、自家製パンナコッタなどのデザートも充実。14時半以降に注文できるフレンチトーストには、地元の人気パン屋「ヴィエノワ」のバケットを使用。好きなソースとソフトクリームを選んで楽しめる。1階の雑貨フロアには、地元作家の陶器や服飾雑貨など、暮らしのアイテムが揃っている。

ドリンク類も充実。無添加果汁100％のジュースなどもあり。

Menu

タンドリープレート	1296円
スープランチ	1404円
本日のデザート	453円
季節のパルフェ	842円
ターメリックラテ	680円
珈琲（HOT）	432円
紅茶（HOT）	486円

香り高い四つ葉バターを使ったバターチキンカレー 1296円。

土管工場を改装した趣のある店内。テーブルのほか、窓の外を見ながらリラックスできるカウンター席も。

レトロモダンの空間でカフェタイムを満喫♪

Information

☎ 0569・34・9980

住所●常滑市栄町 3-111
営業時間● 10：00～17：00
定休日●無休
駐車場●5台（共同）
客席● 30席（全席禁煙）
https://www.facebook.com/tokomado
アクセス●名鉄常滑線常滑駅から徒歩約９分。車の場合は公共のやきもの散歩道駐車場を利用し、散策しながら店舗に向かうのがオススメ

２階のカフェスペース。レトロな調度品がそこかしこに置かれたフォトジェニックな空間が魅力だ。

常滑

ni:no

ニーノ

陶磁器会館の目の前 おしゃれな空間でランチを

常滑やきもの散歩道の起点となる陶磁器会館のすぐ近くにあるカフェ＆雑貨店。店主が丁寧に手作りするランチやスイーツが女性たちから支持を集める人気の一軒だ。

この店定番のランチは、前菜、サラダ、メインの料理にパンor雑穀ごはんがつく。メイン料理は黒板に書かれた3～4種類から選ぶスタイルで、その時期の旬の食材などを使った多彩な料理がお目見えするのがうれしい。

デザートは、本日のケーキやカップデザートのほか、ワッフルプレートが人気。チョコ、ベリー、メープルバターの3種類のソース、生クリームとソフトクリームの2タイプから好みのものを選んで注文できる。また、国産りんごのワインにりんごブランデーを加え、ブランデー樽でじっくり熟成させた「りんごのお酒」なども揃えている。

レトロな佇まいの外観。1階には地元作家の雑貨などが多数。

Menu

Lunch（ごはん）	1080円
本日のケーキ	450円
本日のカップデザート	450円
ソフトクリームセット	600円
コーヒー	430円
紅茶（HOT)	480円
ソイラテ（豆乳＋珈琲）	500円

あさりとたっぷり野菜のクラムチャウダーのランチ 1080円。

1階は雑貨を集めたショップに。陶器をはじめバッグやドライフラワーなど地元作家のアイテムが揃う。

ワッフルプレートもぜひ食後に食べたい♪

Information

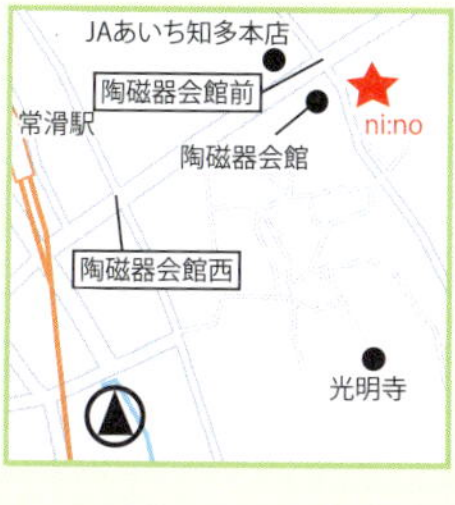

☎ 0569・77・0157

住所●常滑市陶郷町 1-1
営業時間● 10：00～17：00
定休日●木曜（祝日の場合は営業）
駐車場●公共のやきもの散歩道駐車場を利用
客席● 19席（全席禁煙）
アクセス●名鉄常滑線常滑駅から徒歩約5分。車の場合は店舗の向かいにある公共駐車場を利用。平日は無料だが土日祝は有料となる

美浜

感動のオーシャンビューが眼前に圧倒的な開放感が待つ海辺のカフェ

Café エリオット《カフェ エリオット》

知多半島ユースホステルの建物の一部を利用して営業する海辺の静かなカフェ。目の前には白砂のビーチが広がっており、その光景は感動必至の美しさだ。

美浜小野浦海岸からすぐの海辺に建つ知多半島ユースホステル。50年近い歴史を持つこの施設の元食堂を活用し、２００４年頃にオープン。２０１５年からは現在の店主・谷口孝夫さんが運営を引き継ぎ、海辺の絶景カフェとして多くの人を魅了し続けている。

　何よりの魅力は、目の前に砂浜が広がる大パノラマ。店内だけでなく、店の前の堤防の上にもテーブル席が設けられており、その眺めは格別。遮るもののない絶景を、思う存分独り占めできるのがいい。堤防の席はペットの同伴もＯＫなので、愛犬とのひと時を過ごしたい人にもうってつけのスポットだ。

　店主の谷口さんは名古屋市内で飲食店を営んでいた経験があり、料理の味も本格派。生姜を効かせたエリオットカレーのほか、パスタやスイーツなども充実している。

テラスからも、店内からも
絵画のような絶景が広がる

上：シャンパンクーラーでサービスしてくれるスパークリングジュース１本1400円。左：焼きバナナのアイスにキャラメルクリームを添えた「ベニスのゴンドラ」500円。下：通り沿いに掲げられた看板。

店内から堪能できる絶景のオーシャンビュー。絵画のように美しい景色に見とれ、時間を忘れてしまいそう。

堤防の上の席の利用はGWからお盆まで限定。

Menu

コーヒー（カップ）	400円
コーヒーフロート	600円
フィリピンのハーブティー	各 500円
エリオットカレー	900円
グリーンカレー	800円
緑茶のパスタ	700円
カルボナーラ	800円

ドリンクメニューも充実
ゆったりくつろげます♪

Information

☎ 0569・87・3380

住所●知多郡美浜町小野浦福島 1-6
営業時間● 11：00 ～日没まで
定休日●火曜・水曜
駐車場● 20 台
客席● 30 席（全席禁煙）
アクセス●名鉄知多新線内海駅から車で約 5 分。海沿いを走る国道 247 号線沿いにある。道路沿いに看板が出ているので見逃さないようにしたい。

美浜

目の前に野間灯台が佇むカフェ
南国リゾート感たっぷりの贅沢時間

南の島のカフェレストラン
TERRACE NOANOA

みなみのしまのカフェレストラン テラス ノアノア

知多半島の名所の一つ、野間灯台。その目の前にある「TERRACE NOANOA」からは、窓の外に美しいオーシャンビューが広がる。夏だけでなく秋や冬もお勧め。

知多半島屈指のビュースポット、野間灯台のすぐ目の前に位置するカフェレストラン。南国ムードたっぷりの店内で、リゾート気分を思う存分満喫できるのが魅力だ。

オープンは20年以上前のこと。現在の店主・田島慎之介の父親が開業し、その跡を引き継いだ。店名の「NOANOA」とはタヒチ語で「いい香りがする」という意味。旬のフルーツを使ったトロピカルドリンクなどフォトジェニックな一品だけでなく、本格的な料理を堪能できる店としても評判を集めている。チキンと野菜のグリルなど、手間暇をかけた料理の数々をぜひ味わってみたい。

海辺のカフェだけに、夏場に人気が集中しがちだが、「実は秋や冬もお勧めです」と田島さん。水平線に沈む美しい夕陽を楽しむなら、秋口あたりを狙って来店するのが良さそうだ。

本格的な料理とともに オーシャンビューを味わう

上：フルーツがいっぱい盛られたクリームソーダ「トロピカルソーダ」790円。左：店の奥に設けられたテラス席を利用することも。野間灯台がすぐ目の前に見える。下:美しい伊勢湾の景色が窓の外に広がる。

非日常感たっぷりのロケーション。野間灯台に近く、国道247号線沿いにあるアクセスの良さもポイント。

バリやフィジーで集めた雑貨も飾られている。

Menu

ブレンドコーヒー	420円
ハワイアンコナ・コーヒー	650円
ダージリンレモンティー	520円
いちごパフェ	930円
フルーツパフェ	930円
ケーキ	各420円
ノアノアランチ	1430円

定番のフルーツパフェ
930円はぜひ食べたい

Information

☎ 0569・87・1704

住所●知多郡美浜町小野浦字岩成24
営業時間●9：00～22：00（LO20:40）
定休日●火曜
駐車場●30台
客席●60席（全席禁煙、夜は分煙）
http://www.noanoacafe.com
アクセス●名鉄知多新線野間駅から徒歩約20分。国道247号線沿い、野間灯台の向かい側にある

知多

新舞子マリンパークが対岸に開放的なテラス席からの眺めが最高

NEST by THE SEA

ネスト バイ ザ シー

新舞子駅から歩いてすぐの場所にあるカフェ「NEST by THE SEA」。海辺を見つめるテラス席では、他では味わえない抜群の開放感の中、贅沢な時間を過ごせる。

名古屋市内から名鉄特急で30分ほど、都心から手軽に足を運べるオーシャンリゾートとして人気の新舞子に２０１６年に誕生したカフェがこちら。結婚式場のチャペルだった建物を大胆にリノベーション。まるで映画のワンシーンを思わせるようなオシャレな空間が広がっている。海辺の別荘を訪れたような気分で、シーサイドリゾートをたっぷり満喫できるはず。

ウッディな店内でのひと時も楽しいが、やはりこの店の魅力は海を一望するテラス席。新舞子マリンパークに繋がるファインブリッジや風力発電の風車などが見られ、特に晴れの日は開放感抜群。テラスはペット同伴でもＯＫなので、愛犬とのひと時を楽しみたい人にもお勧めだ。なお、人気の結婚式場でもあるので休みは不定期。ホームページで事前に確認してから出かけるようにしたい。

店内がとにかくおしゃれ
きれいな夕陽も楽しみたい

上：さりげなく置かれた小物や観葉植物など、店内はどこを切り取ってもオシャレ。左：テラス席は夕陽が沈む時間帯が特におすすめ。下：メイン料理にたっぷりサラダなどがつくメインプレート 1620円。

木に包まれたオシャレな空間。アンテーク調のテーブル&チェアのほか、ディスプレイも凝ったものばかり。

フルーツソーダなどのドリンクメニューも人気。

Menu

メインプレート	1620 円
パスタプレート	1620 円
野菜サンド	756 円
新舞子チーズケーキ	540 円
ブレンドコーヒー	432 円
ダージリン	540 円
ごろごろフルーツソーダ	702 円

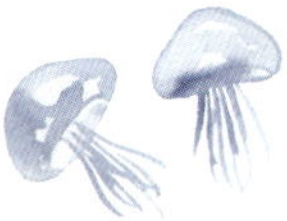

オシャレな空間で
休日を満喫したい人に♪

Information

☎ 0569・43・3008

住所●知多市新舞子大瀬 20-5
営業時間● 10：00 ～ 17：00（土日祝～ 19：00）
定休日●火曜・水曜※不定休あり
駐車場● 30 台
客席● 40 席（全席禁煙）
http://nest-bs.jp
アクセス●名鉄常滑線新舞子駅から徒歩約 2 分。駐車場は店舗前のほかに広い第二駐車場を用意

西尾

西尾・吉良ワイキキビーチを一望 絶好のシーサイドバケーションを満喫

Cafe goofy

カフェ グーフィ

吉良ワイキキビーチ近くの海沿いに立つ小さなカフェ。心地よい潮風を全身で感じながら、ゆったりとした時間を謳歌できるリゾート感満点の一軒だ。

西尾吉良町の海岸線沿い、潮風香るビーチ近くに店舗を構える「Cafe goofy」。広々とした敷地内にはハンモックやベンチなどが用意され、海と緑に囲まれた絶好のロケーションで優雅なひと時を満喫できる。リゾート感満点の海辺のカフェだ。

この店がオープンしたのは２０１６年４月。グーフィーの２人がマリンアクティビティの拠点としてオープンしていたが、「もっと気軽に足を運んで欲しい」と1年後にカフェを開業。音楽活動なども展開する多彩な２人は、飲食業などの経験も豊富。カレーやペペロンチーノなど、メニューは本格的な味わいのものばかりだ。

夏になると、カフェの営業だけでなく、バーベキューを楽しめるシーサイドスポットとしても人気。ペットとの来店もＯＫなど、さまざまな楽しみ方ができる隠れ家的な一軒だ。

海辺のテラス席での時間は贅沢なリラックスタイム

上：トロピカルな雰囲気が漂うブルーハワイ 700 円。左：名物のカレーライス 1000 円。スパイスの効いた大人の味わい。下：店内にはアンティーク調の家具などが配置され、落ち着いた雰囲気が漂う。

オーナーが一杯ずつドリップしたこだわりのコーヒーを提供。ビールやワインなどのアルコールも用意。

海を見つめながらゆったり過ごす時間は格別。

Menu

Goofy カレー	1000 円
ペペロンチーノ	1200 円
カルボナーラ	1400 円
トマトソース	1400 円
インディアンパスタ	1200 円
グァテマラコーヒー	500 円
Goofy ブレンド	700 円
カフェオレ	500 円

南国感たっぷりのドリンクもおすすめですよ♪

Information

☎ 080・5161・0007

住所●西尾市鳥羽町田尻 54
営業時間● 10：00 ～ 18：00（季節により変動あり）
定休日●水曜・第 2、4 木曜（7・8 月は無休）
駐車場●あり
客席●店内 12 席、外席 25 席（喫煙可）
http://goofy-mikawa.com
アクセス●名鉄蒲郡線三河鳥羽駅から徒歩約 20 分。吉良ワイキキビーチの近くに目印の看板あり。細い路地を進んだ先の海岸沿いに見えてくる

三河湾の絶景ビューを存分に満喫できるテラス席は全部で10席。海辺のドライブ途中にぜひ立ち寄りたい。

西尾

プルメリア

プルメリア

テラス席の目の前に白砂のビーチ広がるカフェ

西尾市の吉良ワイキキビーチの目の前にある海辺のカフェレストラン「プルメリア」。店内にはオシャレな南国ムードあふれるフロアが広がっている。

店名はハワイに咲く花の名前から。BGMにはハワイアンミュージックが流れ、ハワイアンキルトが飾られた空間は南国ムード満点。フロア内のテーブル席やテラス席から、海の景色を眺めながら食事やコーヒータイムを楽しめるのが魅力。特に春から秋にかけて、天気の良い日のテラス席で過ごすひと時は最高だ。

メニューは定番のエビフライ、ロコモコ、オムライスなどが人気。そのほかにも、エッグベネディクト、パンケーキなどのパンメニューも充実している。3種類あるシフォンパンケーキは、スプーンで食べられるふわとろの新食感がヤミツキになるはず。

スキレットで焼き上げるダッチベイビー フルーツ。

Menu

ブレンドコーヒー	500円
カフェオレ	540円
キャラメルラテ	570円
オムハヤシ	1300円
手作りハンバーグのロコモコ	1300円
エビプレート	1450円
ダッチベイビー フルーツ	1200円

テラス席の眼下には、吉良ワイキキビーチが広がっている。

南国ムードたっぷりの店内も魅力的。観葉植物などが置かれているほか、雑貨を販売するコーナーもある。

かわいいフルーツソーダは３種類あるよ♪

Information

☎ 0563・32・2752

住所●西尾市吉良町宮崎中道下 52
営業時間● 11：00～18：00（土日祝９：00～）
定休日●火曜
駐車場● 19 台
客席● 40 席（全席禁煙）
http://www.purumeria.com
アクセス●名鉄蒲郡線三河鳥羽駅から車で約６分。吉良ワイキキビーチの目の前にある

名古屋市内にあるアンテーク家具の専門店で調度品をセレクト。友人らと一緒にステキな空間を作り上げた。

西尾

sweets CAFE MINORIty

スウィーツ カフェ マイノリティ

森と海に囲まれた小さな可愛いパティスリー

西尾市の中心市街地から吉良へ。ワイキキビーチに向かう道すがらの森の前に立つ小さなスイーツカフェがこちら。海にもほど近い距離にあり、ドライブついでに立ち寄るのにもちょうどよいオシャレな一軒だ。

オーナーの犬塚さんは製菓学校を卒業後、イタリアンレストランや安城市の人気カフェなどで修業を重ねて独立。当初は「mamem cafe」という名前でイベントを中心に活動していたが、常連からの「お店を出して欲しい」という要望を受けて２０１７年２月にこの店をオープンさせた。

「実は甘いものは苦手」と話す犬塚さんが作るのは飽きのこないスイーツ。材料にも厳選したものを使い、最後にさっぱりと終われる味がモットーだという。女子必見のフォトジェニックなスイーツは、味にも相当なこだわりが詰まっている。

ブレンドは518円。ドリンクメニューも15種類ほど用意。

Menu

季節のパフェ	1458円
珈琲ジュレとショコラのパフェ	1296円
抹茶とそば茶の白玉パフェ	1188円
ブレンド	518円
カフェオレ	572円
ショコラミルク	626円

店内にはアンティークの家具や雑貨が置かれていてステキ。

珈琲ジュレとショコラのパフェ 1296円。決して甘すぎることなく、男性からの支持も集まる定番の一品。

焼き菓子などもあり
お土産にぴったり♪

Information

☎ なし

住所●西尾市吉良町宮崎白浜 1-3
営業時間● 11：00～18：00（LO17:30）
定休日●金曜・第1木曜（不定休あり）
駐車場● 10台
客席● 13席（全席禁煙）
https://www.instagram.com/sweets_cafe_minority/
アクセス●名鉄蒲郡線吉良吉田駅から車で約6分。吉良ワイキキビーチ方面に向かう途中、山側に見えてくる

オープンキッチンを眺めるカウンター席。店の外にはドーナツなどを販売するテイクアウトコーナーも。

西尾

ぞうめし屋

ぞうめしや

おしゃれな空間も人気 味噌屋さんが営む和カフェ

西尾市で手作りのこだわり味噌を製造・販売する「今井醸造」。60年ほどの歴史を持つこの味噌蔵が「味噌の魅力を多くの人に知ってもらいたい」と2012年に移動販売車「ぞうめし屋」をスタート。そして2015年2月、念願だった実店舗を西尾市内にオープンさせた。

味噌蔵が展開するカフェだけに、定番メニューは味噌を使った料理の数々。「みそ煮込みうどん定食」には、愛知県産の小麦粉「きぬあかり」で作った硬めのうどんを使用。今井醸造の味噌に九州産の鰹節、北海道産の昆布でとった出汁を加え、クセになる味わいに。また、「ぞうめし屋の定食」は、社長の今井さんが「母親の味を思い出す」という昔懐かしい味わいの肉みそがメイン。国産小麦やこだわりの卵など厳選素材を使ったドーナツも評判で、気軽にテイクアウトすることもできる。

のりと温泉玉子を乗せた肉みそのり玉ごはん定食 1166 円。

Menu

みそ煮込みうどん定食	1382 円
肉みそのり玉ごはん定食	1166 円
みそ屋のローストビーフ丼	1674 円
みそヒレカツ丼定食	1544 円
チーズケーキ	486 円
クレームブリュレ	432 円
ぞうめし屋の抹茶パフェ	864 円

木の温もりあふれる 1 階店内。オシャレなインテリアも魅力。

白を基調にした 2 階フロアも用意。貸切パーティーなどにも対応するほか、お弁当の予約も受け付ける。

新登場のドーナツのフルーツサンドも注目♪

Information

☎ 0563・65・6995

住所●西尾市志籠谷町欠下 53-1
営業時間● 11：00 ～ 15：00（LO14：00）、18：00 ～ 22：00（LO21：00）
定休日●月曜・第 1、3 火曜
駐車場● 50 台
客席● 50 席（全席禁煙）
http://www.zoumeshiya.com
アクセス●名鉄西尾線桜町前駅から車で約 5 分。岡崎バイパス（国道 23 号）中原インターから 3 分ほど

幅広いスイーツをラインナップしているバウムクーヘンの専門店。ギフトを探したい時にも重宝しそう。

西尾

King Farm Cafe

キングファームカフェ

新鮮な野菜がたっぷり 農園カフェで絶品スイーツ

のどかな風景が広がる西尾市西浅井町に、２０１８年３月オープンした農園カフェ。西尾市で精密機械加工を行う大野精工が16年から新規事業として農業に参入。自社農園でトマトやイチゴ、メロンなどを栽培しており、これらの農産品を使ったメニューが楽しめる。

オリジナルのバウムクーヘンは、店内に専用の工房を設けており、地元ブランド卵の「ランニングエッグ」を使うなど素材にもこだわる。プレーンのほか、自社で栽培するイチゴや西尾産の抹茶を使ったものなどをラインナップ。また、熊本地震の復興支援が縁でつながりができた阿部牧場と提携。この牧場の牛乳は、日本初となる国際味覚審査機構の三ツ星を獲得している。こだわりの牛乳を使ったソフトクリームを味わえるのは東海エリアでここだけ。世界が認めた味をじっくり堪能したい。

白を基調にしたカフェフロア。建物の隣にはハウスも見える。

Menu

本日の焼き立て生バウム（個数限定） 540円
3種のバウム盛り合わせ 540円
阿蘇の阿部牧場ソフトクリーム 432円
いちごミルク 378円
100％いちごジュース 540円

阿蘇の阿部牧場ソフトクリーム煮詰めたいちご付540円。

トマトキーマカレー。ドリンク・サラダ付きで1242円。自社農園で栽培されたこだわりのトマトを使用。

ふわふわ食感のバウムクーヘンパフェも♪

Information

☎ 0563・65・2922

住所●西尾市西浅井町坂下6-1
営業時間●10：30～18：30（LO18：00）
定休日●月曜（2018年7月以降は水曜休み）
駐車場●24台
客席●48席（全席禁煙）
http://king-farm.jp/cafe/
アクセス●名鉄西尾線桜町駅から車で約20分。県道479号線沿いのローソンを過ぎたところにある

白と木目を基調にしたこじんまりとした店内。コーヒーの香りが漂い、心地よいカフェタイムを楽しめる。

安城

BUNT COFFEE

バント コーヒー

田園地帯にひっそり建つ こだわり本格珈琲の店

　のどかな田園風景が広がる安城市の郊外、大型の農産物直売所の近くに佇む自家焙煎のコーヒーショップ。オープンは２０１７年11月。西三河出身のオーナー・竹下達也さんは、元々コーヒー好きではなかったそう。ただ、名古屋市の自家焙煎の珈琲店ですっきりした味のコーヒーに出会い感動。その店で修業を重ねて独立し、「自分が知ったコーヒーの魅力を多くの人に伝えたい」と、浅煎りのコーヒー豆を中心にこだわりの一杯を提供している。

　店内には焙煎機が設置され、鮮度のいい状態の豆から一杯ずつ丁寧にハンドドリップで抽出。香り豊かなコーヒーはブラックでも飲みやすい軽い味わいが特徴だ。「くつろげる空間と、そこで人が楽しんでいる姿が好き」と竹下さん。小さな店内は、コーヒーの心地よい香りに包まれた癒しの空間だ。

自家製ベイクドチーズケーキ。ドリンク代＋350円で提供。

Menu

本日のサービスコーヒー	450円
ストレートコーヒー各種	550円
カフェラテ	500円
キャラメルラテ	550円
バタートースト	350円
小倉トースト	500円
ハムチーズトースト	550円

フロアに置かれた焙煎機。豆の心地よい香りが店内に広がる。

手間を惜しまずハンドドリップで一杯ずつ提供。豆は6種類を揃え、味わいの異なるブレンドは2種類。

外に緑が見える席で
ゆったりリラックス♪

Information

☎ 0566・89・1929

住所●安城市福釜町釜ケ渕 2-1
営業時間● 8：30 〜 18：00
定休日●月曜
駐車場● 8 台
客席● 18 席（全席禁煙）
http://www.bunt-coffee.com
アクセス● JR 東海道本線三河安城駅から車で約 10 分。JA あいち中央のファーマーズマーケット「でんまぁと安城西部」東側すぐの場所にある

西尾

佐久島東港近くにある古民家カフェ
ふわふわ食感のかき氷は見た目も◎

サクカフェ aohana

サクカフェ あおはな

アートな島として人気を集める愛知県の離島、佐久島。その東港から少し歩いた住宅地にあるのが「サクカフェ aohana」。こだわりのかき氷などが人気の一軒だ。

佐久島東港の船着場から歩くこと約5分、住宅地の細い路地を進んだ先に見えてくる古民家カフェ。店主の垣花和馬さんは、「虹工房」の名前でカフェを運営していたオーナーから、そのまま店舗を引き継ぎ2016年8月に開業。18年4月から「サクカフェ aohana」へとリニューアルした。

垣花さん夫婦は、世界一周を2回するほどの大の旅好き。そんな2人が移住先に選んだのが佐久島だった。沖縄県宮古島出身で島暮らしに憧れたいたご主人と、カフェを持ちたいという奥さんの夢を叶えたのがこのカフェなのだという。

見つけにくい場所にあることから「幻のカフェ」と言われることもしばしば。名物はふわふわ食感のかき氷で、見た目のかわいらしさもポイントだ。奥さんが手作りする貝殻などを使ったアクセサリーも人気。

独特の食感のかき氷が美味
かわいい雑貨も充実

上：昔ながらの島の暮らしぶりが垣間見えるのも魅力。今では珍しくなった井戸も発見。左：金魚鉢かき氷 塩 ブルーハワイ＆レモン味～バニラアイス付～ 1200円。下：店の外には野菜が育つ畑もある。

島の古民家をそのまま店舗に。座敷に腰を下ろし、ゆったり流れる島時間に身を任せてリラックスできる。

奥さんのハンドメイド作品を購入することも。

Menu

定番かき氷 いちごみるく	700 円
果物の果肉入りかき氷	800 円
ランチ	1400 円
珈琲	500 円
カフェオレ	600 円
グリーンティー	500 円
なめらかプリン	500 円

かわいいかき氷はインスタ映え間違いなしです♪

Information

☎ 080・4277・5543

住所●西尾市一色町佐久島前田 45
営業時間● 9：30 〜 18：00
定休日●不定休
駐車場●なし
客席● 30 席以上（屋外に喫煙席あり）
http://ohana.work
アクセス●佐久島東港から徒歩約 5 分。港から細い路地を北に進み、静かな住宅地の中にある

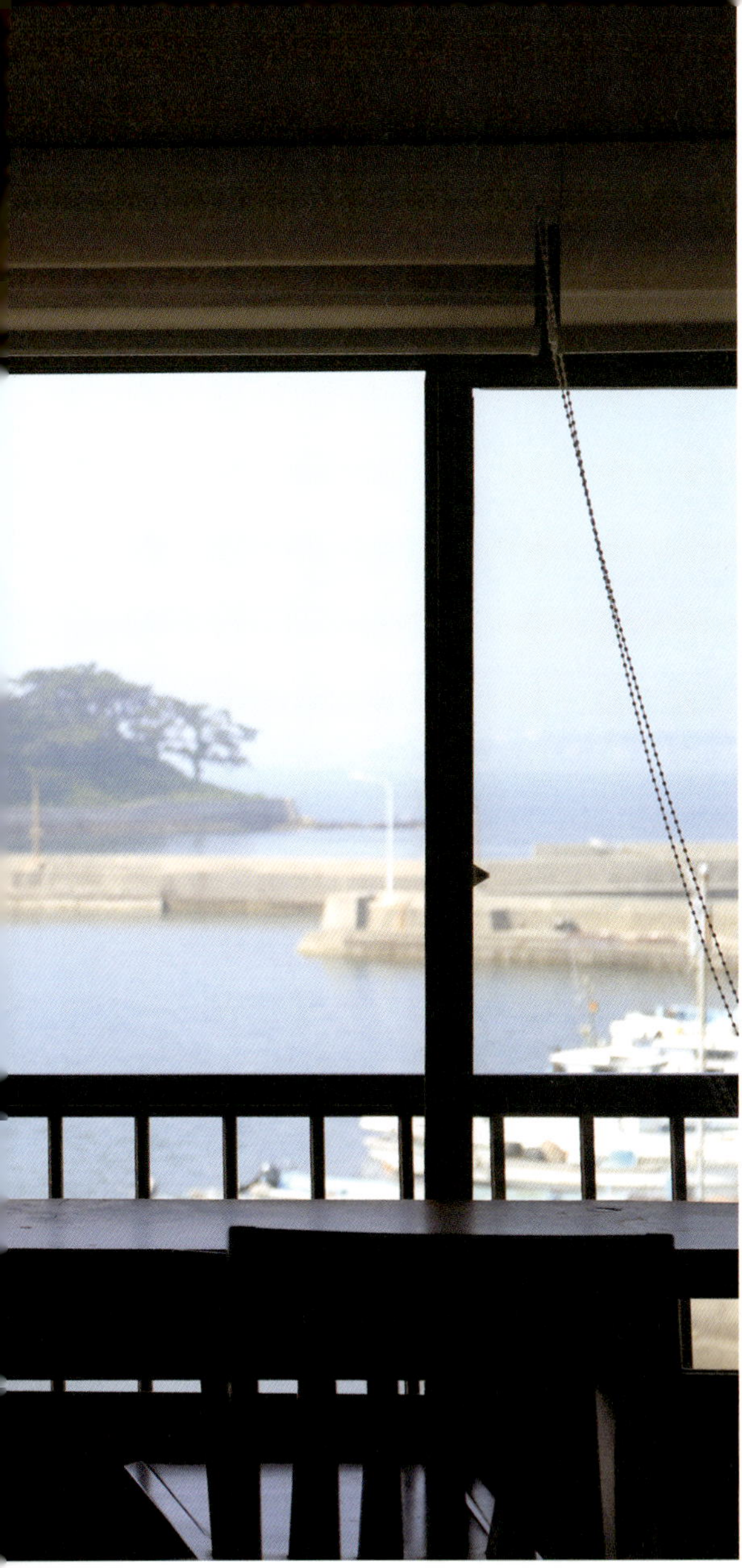

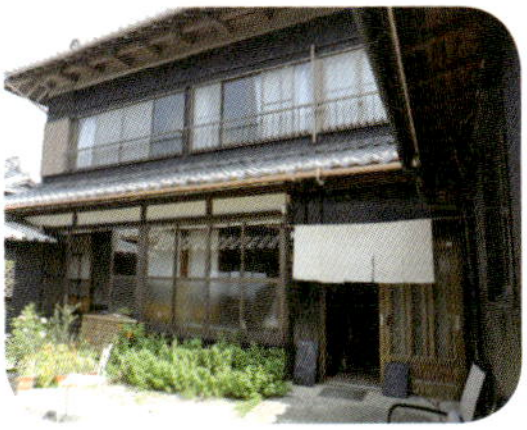

西尾

窓に広がる港の景色に思わず息を飲む
船を待つ時間に寄りたい絶景カフェ

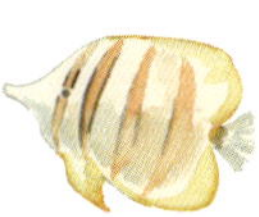

カフェ 百一

カフェ ひゃくいち

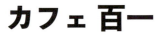

佐久島の西港からすぐの高台にある古民家カフェ、「百一」。この店の何よりの魅力は唯一無二の絶景ビュー。島を訪れたら必ず立ち寄りたい人気カフェだ。

一色町の乗船場を出て波にゆ揺られること20分、西港を降りてすぐの高台にあるのが「カフェ百一」。以前は小豆島にも住んでいたという中村さんが移住し、2016年5月にオープンさせた古民家カフェだ。

元々喫茶店でアルバイトしていたという中村さん。「いつかは自分の店を持ちたい」と考えていたところ、長崎出身の母と祖母を連れて訪れた佐久島に魅了されたという。「ぜひここでお店を」と物件を探したところ、現在の古民家に出会い、リノベーションの末に念願のカフェをオープン。自家焙煎の新鮮な豆を使ったコーヒーが人気を集めている。

眺めのいい客席からは西港を一望。美しい景色に見とれながら、リラックスした時間を過ごせるはず。帰り際、船を待つ間に利用する人も。島の最後の思い出作りにぜひ立ち寄りたい。

船を待つひとときが忘れられない思い出になる

上：中庭では四季折々の花を観賞することも。自然に囲まれたロケーションが心地いい。左：昔ながらの趣をそのまま生かした店内は、心からリラックスできる和みの空間。下：目の前に佐久島の漁港の風景が。

眼前に広がる島の景色はまるで一枚の絵画を見ているような美しさ。船が着くまでの時間調整にも便利。

ケーキセットはドリンク代＋ 350 円で提供。

Menu

ブレンド 黒真珠	400 円
アイスコーヒー	400 円
カフェオレ	450 円
お抹茶ラテ	500 円
コーヒーゼリードリンク	650 円
サンドウィッチセット	900 円
ロイヤルミルクティー	500 円

季節限定のドリンクやケーキなどもあるよ♪

Information

☎ 090・4187・6271

住所●西尾市一色町佐久島西側 7
営業時間● 9：00 ～ 18：00 頃
定休日●火曜※臨時休業もあるため事前に確認を
駐車場●なし
客席● 30 席（全席禁煙）
アクセス●佐久島西港から徒歩 2 分。西港で下船後、港沿いの道を進んだ先、港を一望する左手の高台にある

西尾

佐久島の海の幸に心ゆくまで舌鼓
緑に包まれたテラス席でののんびり時間

Cafe OLEGALE

カフェ オレガレ

佐久島を東西に結ぶ、通称「１号線」沿いにあるカフェ。
ご主人が漁師ならではの新鮮な魚介を使ったランチが
名物。緑に囲まれた店内での時間は心安らぐ。

佐久島西港から歩くこと約10分、住人たちから「一号線」の愛称で呼ばれるメインストリート沿いに一軒のカフェが現れる。2015年にオープンした「Cafe OLEGALE」だ。

店名の「オレガレ」とは、佐久島の方言で「俺の家」という意味の言葉。自分の家のように気兼ねなくくつろいで欲しいという思いが込められている。店主・加藤麻紀さんのご主人が素潜り漁師をしていることから、メニューには島で採れた新鮮な魚介類を使った一品がずらり。島で育った野菜、体にやさしい調味料などを使った手作りの味を振舞ってくれる。

魚介類をメインにした日替わりのシーフードランチは数量限定。そのほか、大アサリ丼や焼き大アサリ、島素材のアヒージョなどが味わえる。手作りのシフォンケーキや自家製ケーキなどもぜひ一緒に楽しみたい。

地元の大アサリをはじめ 島の味覚にじっくり舌鼓

上：木目を基調にした店内。壁にはかわいらしい絵などが飾られている。左：名物のシーフードランチ 1500 円。春のメインは大アサリが中心。煮魚などになることもある。下：島を東西に走る通称「1 号線」。

店の外には心地よいテラス席も。天気の良い日は島の豊かな自然と海風を感じながら優雅なカフェタイムを。

店内にはいたるところにかわいい雑貨などが。

Menu

本日のシーフードランチ	1500円
OLEGALE大アサリ丼	750円
焼き大アサリ	600円
島素材のアヒージョ	800円
コーヒー	400円
オーガニックりんごサイダー	450円
手作りシフォンケーキ	400円

手作りのシフォンケーキはふわふわでサイコー♪

Information

☎090・1232・7484

住所●西尾市一色町佐久島下遠田34
営業時間●11：00～17：00（土日祝10：00～）
定休日●水曜・第2、4火曜、その他不定休あり
駐車場●なし
客席●約30席（店内禁煙、テラス席喫煙可）
アクセス●佐久島西港から徒歩約10分。島内を東西につなぐ1号線（島の通称）沿いにある

西尾

佐久島西港を見下ろす丘の上で自家農園の野菜を使ったグルメを満喫

Oyaoya cafe もんぺまるけ

オヤオヤカフェ もんぺまるけ

西港から10分あまり。「Oyaoya cafe もんぺまるけ」は、有機栽培をしながら半農半カフェ生活を営む女性店主の店。レトロな店内はついつい長居したくなる。

佐久島西港の乗船場から小高い丘へと歩を進めて約10分。坂を上った先の林の中に、古びた民家が現れてくる。2010年7月にオープンした「Oyaoya cafe もんぺまるけ」だ。

店主の神谷芝保さんは名古屋市出身。市内のオーガニックカフェで働いていた頃から農業に関心を抱き、佐久島で畑を借りて野菜を育てるように。半農半カフェの生活をしばらく続けた後、築100年ほどの島の古民家で自分のカフェをオープンさせた。

佐久島で採れる天草をはじめ、道端のよもぎ、そして自家栽培の旬の野菜など、島の素材を生かした素朴な味わいが魅力。かまどで炊いたご飯の味もこの店の自慢だ。

目指すのは「種まきからキッチンまで」。店主が実践するライフスタイルが、滋味あふれる味へとつながっている。

古びた建物を自ら改築
やさしい味わいの料理が美味

上：店内には昭和の暮らしをそのまま切り取ったような光景がそこかしこに。レトロな扇風機などもある。左：林の中に佇む建物。下：好きなおやつとドリンクが1つずつ楽しめる「oyaoya ドリンク set」650円。

名城大学建築科の研究室に応援してもらい、廃屋同然だった建物を味のあるカフェへとリノベーション。

自家製あんこの佐久島天草のあんみつ 500 円。

Menu

まかないランチ set	1000 円
自家製スカッシュ	500 円
豆乳きなこオレ	500 円
オーガニックコーヒー	450 円
オーガニックみかんジュース	500 円
oyaoya3 種もり	500 円
oyaoya ドリンク set	650 円

看板猫のくろすけが出迎えてくれるかも♪

Information

☎ 080・3643・5083

住所●西尾市一色町佐久島立岩 47
営業時間● 12：00 ～ 16：30LO（土日祝 9：30 ～）
定休日●水曜・木曜、冬期休業あり（1 ～ 2 月）
駐車場●なし
客席● 24 席（全席禁煙）
http://sakushiba.blog102.fc2.com
アクセス●佐久島西港から徒歩約 7 分。弁天サロンを通り過ぎ、白いガードレールの急な坂道をのぼった先の森の中にある

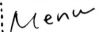

豊田

自家農園のブルーベリーがふんだんに
緑深いの山の中に建つ小さな洋菓子店

こみちのケーキ屋さん Mako

こみちのケーキやさん マコ

豊田市の山間、「どんぐりの里いなぶ」の近くにある小さなケーキ店。ブルーベリーの収穫時期になると、自慢のタルトを求め、遠方から多くの人が詰め掛ける。

豊田市の山間、旧稲武町にある小さなパティスリー&カフェ。周辺には40カ所ほどの自家農園が点在。そこで採れたブルーベリーをふんだんに使ったスイーツが人気だ。店内のほか、緑に包まれたテラス席でゆったりするのも気持ちいい。

オーナーの杉田雅子さんがブルーベリー園を始めたのは今から13年前のこと。ブルーベリー栽培の第一人者に師事し、徐々に規模を拡大。農園の一角に設けたオープンカフェでスムージーの販売を開始したが、常連客からの「夏だけでなく冬もブルーベリーを楽しみたい」との声を受け、通年でスイーツを提供するケーキ屋を2013年に開店させた。

ケーキは、有名ホテルの総料理長を務めた人物から手ほどきを受けた本格派。ブルーベリーを使ったスイーツは、夏はタルト、冬はパイが大人気だという。

農園ならではの贅沢
ブルーベリーのタルトが人気

上：建物の反対側、山側のスペースにもテラス席を確保。晴れた日、山の澄んだ空気を吸いながらのカフェタイムは最高。左：500円玉サイズのブルーベリーが盛りだくさんのタルト。下：冬はパイが人気。

店内に設けられたカフェスペース。白を基調にした空間にかわいい調度品が並ぶ。ギフト商品なども充実。

ブルーベリーを使った季節のケーキが並ぶ。

Menu

ブルーベリースムージー	500 円
ブルーベリータルト	500 円
ブルーベリークレープ	500 円
ブルーベリーパイカット	420 円
ブルーベリーレアチーズケーキ	340 円

遠方から来てくださる
常連の方も多いです♪

Information

☎ 0565・82・3365

住所●豊田市野入町ナギ下 13-12
営業時間● 9：00 ～ 17：00
定休日●木曜
駐車場● 30 台
客席● 30 席（全席禁煙）
http://www.komichi-inabu.jp/cake/
アクセス●国道 153 号線沿いにある道の駅「どんぐりの里」いなぶから飯田方面へ車で約 5 分。右手の山沿いにあり

東栄

廃校になった小学校の木造校舎を リノベーションした山間のカフェ

café のっきい

カフェ のっきい

奥三河・東栄町で８年前に廃校となった小学校の木造校舎をリノベーション。かつての理科室が、自然を満喫しながら安らげる山間のカフェへと姿を変えた。

自然豊かな奥三河の東栄町で、廃校となった小学校を活用してオープンしたのが「caféのっきい」。歴史を重ねた校舎の趣をそのまま生かしつつ、かつて理科室だった部屋をリノベーション。おしゃれなカフェへと様変わりした。鳥たちの声が響く自然豊かなロケーションを求めて、浜松などを中心に遠方から訪れる人も多いという。

カフェの運営を手がけるのは、NPO法人「てほへ」。30年ほど前に東栄町へ移住し、和太鼓集団として全国各地でライブ活動を行う「志多ら」のメンバーが中心となり、「地元活性化に役立ちたい」と創設された組織だ。現在はこちらのカフェ以外にも東栄町内でブルーベリー農園を運営。ここで採れたブルーベリーを使ったパンケーキやシャーベット、東栄産のチキンウインナーを使った「ピタパンサンド」などが楽しめる。

自家農園で栽培する
ブルーベリーをスイーツで

上：東栄町産のハーブティーも人気。スイーツは地元出身のパティシエが担当。左：自然に囲まれた木造校舎をリノベーションした店内。下：カフェの隣には図書室「のき山文庫」を併設。カフェでの読書もOK。

ガラスの向こう側に美しい山の稜線が見えるカウンター席。特等席から四季折々の絶景を独り占めできる。

学校時代の名残があちこちに残るのも楽しい。

Menu

コーヒー	380円
カフェオレ	380円
のっきぃカフェラテ	430円
ブルーベリースムージー	480円
のっきぃパンケーキセット	500円
ブルーベリーシャーベット	320円
手づくりケーキ	320円

ブルーベリースムージーはとっても濃厚な味♪

Information

☎ 0536・76・1722

住所●北設楽郡東栄町下田軒山 13-7
営業時間● 10：00～16：00（土日祝 9：00～）
定休日●水曜・木曜
駐車場●あり
客席●約 30 席（全席禁煙）
https://tehohe.com
アクセス● JR 飯田線東栄駅からバス東栄線とうえい温泉バス停下車徒歩 20 分。三遠南信自動車道鳳来峡 IC より国道 151 号、473 号経由で約 20 分

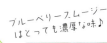

新城

山間の村にひっそり佇む古民家カフェ 深煎りの味わい深いコーヒーを

cafe 爾今

カフェ にこん

新城市の山間の集落に、緑に包まれた古民家カフェがある。一歩足を踏み入れると、そこには時の流れを忘れたかのようなレトロな建物と空間が待っていた。

新東名高速道路浜松いなさインターから車で10分ほど、道の駅三河三石の近くに広がる山間の集落の一角に、緑に包まれた古民家が佇んでいる。道路脇に掲げらた「爾今」の小さな看板。西側の入り口から敷地に入ると、ここだけ時間が止まっているかのような錯覚を覚える趣深い店舗が目の前に現れる。

オープンは２００８年のこと。以前も新城市内でカフェを営んでいた店主・白井鶴七さんは、旧鳳来寺町の空き家バンクを利用し、小さなミシン屋だったこの建物を発見する。そして、自らかんなをかけるなど友人たちと一緒に手作業で改築。独特の趣を放つ個性派カフェを作り上げた。

鮮度を大切にするコーヒーは、客席に備えたミルを使って目の前で挽き、丁寧にハンドドリップ。こだわりの一杯を楽しみながらのんびり過ごしたい。

テーブルに備えたミルで コーヒーを挽く贅沢な一杯

上：テーブルの一角に据え付けられたこだわりのミル。その場で挽いた豆で、冷めても美味しい一杯を提供。左：静かな時間が流れる和の空間。下：歴史を感じる縁側からは四季折々の表情を見せる中庭が。

味わい深い古民家でゆったりくつろぎながらこだわりの一杯を。格子戸からのぞく緑がなんとも美しい。

元ミシン店の名残が残る
味わい深いファサード。

Menu

コーヒー	500円

一杯ずつ丁寧に淹れる
コーヒーの味は格別です

Information

☎ 090・1232・2605

住所●新城市下吉田柿本 43
営業時間● 9：00 〜日没
定休日●金曜・土曜
駐車場● 6 台
客席●約 15 席（全席禁煙）
http://nicon.blog.shinobi.jp
アクセス●新東名高速道路浜松いなさ IC から国道 257 号線経由で約 10 分。駐車場は郵便局の向かい側にある

豊川

住宅街に現れる緑に包まれた一軒家
隠れ家でゆったり味わう絶品スイーツ

mig made

ミグ メイド

豊川インターからほど近い住宅地に、周囲とは一線を
画した小さな森が現れる。窓から緑こぼれる隠れ家。
ここでの静かなひとときは、心を豊かにしてくれる。

豊川市の住宅街にある小さな森の中の一軒家。緑の木々に包まれるように建つ「mig made」は、赤川さんご夫婦が切り盛りするパティスリー&カフェだ。

元々豊橋市内でカフェを営んでいた赤川さんは、2010年に地元である豊川市に戻り、この店をオープンさせた。

すべて独学で覚えたというスイーツは、あえて奇をてらうことなく、手作り・厳選した素材にこだわっている。発酵バターを使うほか、小麦粉には国産やフランス産など複数のものをブレンド。ケーキによって配合を調整しているという。「シンプルにおいしいものをご提供したい」と話す赤川さん。昼時にはこちらも手作りで丁寧に調理されたランチが人気だ。

店内は北欧をイメージし、壁塗りなどは自ら行ったそう。窓に映る緑を見つめながらのカフェタイムは、優雅で心地いい。

センスが光る小さな空間
普段使いのおいしいケーキ

上：窓から柔らかな日の光が差し込む壁際のカウンター席。左：レモンの皮を生地に使うなど、レモンそのものの味をダイレクトに感じられることにこだわったレモンケーキ430円。下：インテリアもオシャレ。

北欧の民家をイメージしたという店内。窓の外には庭に育つ木々たちの緑が見え、心からリラックスできる。

コーヒーとキャラメルのケーキ 420円。

Menu

ドリアランチ	1300円
ブレンドコーヒー	480円
深煎コーヒー	500円
本日のコーヒー	580円
カフェオレ	600円
紅茶	600円
マルコポーロ・ルージュ	680円

シロップから手作りした
ラズベリーソーダが美味

Information

☎ 0533・89・4585

住所●豊川市大堀町 150
営業時間● 11：00～18：00（金曜～15：00）
定休日●月曜・火曜
駐車場● 7 台
客席● 15 席（全席禁煙）
アクセス● JR 飯田線豊川駅、名鉄豊川線豊川稲荷駅から車で約 5 分。東名高速道路豊川 IC から国道 151 号線を南へ。東名町一交差点を右折し直進、東曙町交差点の手前を左折、すぐの交差点を左折すると見えてくる

古民家をリノベーションした建物の周りには、四季折々の美しい花々が。庭を歩いてみるのも楽しい。

豊川

もくせいの花

もくせいのはな

四季の移ろいが美しい 風情あふれる古民家カフェ

国道1号線の西側を平行して走る旧東海道沿いにあるのが、庭園が美しい古民家カフェ「もくせいの花」だ。

オープンしたのは2010年7月のこと。障がい者の生活介護事業を行う事業所が、働く場を提供する意味も込めて立ち上げた。建物は築80年以上を経過した古民家で、先人の技が凝縮された木組みを活用し、味わい深い古材を駆使することで、歴史の趣を感じさせるカフェを作り上げた。晴れの日には庭を眺めるテラス席でゆったり過ごすこともできる。

自家製のシフォンケーキは、独自の仕入れルートで入手する小麦粉と独自の製造技術により、「ふんわり・しっとり」とした食感が特徴。ドリンク代+250円で味わえる。種類豊富なドリンクには、タイ王国で国賓をもてなす時に出されるハイビスカスティーなどもある。

障がい者が製造した縫製品の展示・販売なども行っている。

Menu

ハイビスカスティー	350円
アイスクリーム	350円
フルーツあんみつ	500円
ブレンドコーヒー	350円
カフェオーレ	400円
ピーチティー	350円
オレンジジュース	400円

名物のシフォンケーキとルイボスティーのセット600円。

庭を眺めながらくつろげるテラス席。心地よい風を感じながらゆったり時間を過ごしたい時にぜひ。

立派な梁を生かした店内でのんびり過ごせる

Information

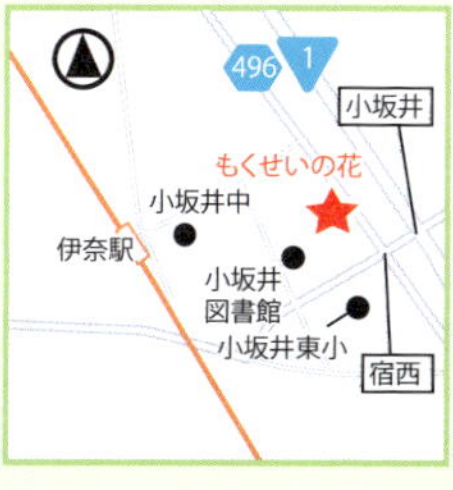

☎ 0533・72・7650

住所●豊川市宿町光道寺 51
営業時間● 8：30～16：00
定休日●日曜・月曜・祝日
駐車場●約 30 台
客席● 24 席（店内禁煙、テラス席は喫煙可）
http://www.ccnet-ai.ne.jp/mokusei/
アクセス●名鉄名古屋本線伊奈駅から徒歩約 8 分。国道 1 号線と平行して走る道路沿い。明光寺の隣。近くには小坂井図書館などがある

田原

渥美半島をぐるり見渡すロケーション
森と海の絶景が楽しめる山頂カフェ

蔵王 Panorama Cafe

ざおうパノラマカフェ

渥美半島を見下ろす蔵王山。その山頂には360度の大パノラマが待つカフェがある。緑豊かな森、きらめく海、豊橋や田原の街並み。すべての景色が美しい。

３６０度の大パノラマを満喫できる渥美半島の東の玄関口、「蔵王山展望台」。その施設内に、地元・田原市産の食材を使ったグルメを楽しめる店としてオープンしたのが「蔵王 Panorama Cafe」。美しい海や山の景色、眼下の街並みなどを眺めながら、ゆったり時間を過ごせるのが魅力だ。

　空気が澄んだ時期には、御嶽山や乗鞍岳、恵那山のほか、３０００ｍ級の山が連なる南アルプスが一望できるほか、県内で最も美しく富士山が見られるスポットとしても人気。２階の星空テラスだけでなく、夜景の時間まで開場している4階の展望フロアにも足を運びたい。

　名物はご当地ブランド肉「田原ポーク」を使った田原ポークカレー。デザートには、こちらも地元産の「ど☆うまい牛乳」を使った「ど☆うまい牛乳ソフトクリーム」がおすすめだ。

地元・田原市が誇る農産物を使ったグルメに舌鼓

上：牛乳の旨みを感じられるど☆うまい牛乳ソフトクリーム 250 円。左：田原ポーク・カレーセット。サラダとドリンク付きで 850 円。下：グリーンに統一された店内からも、眼下の街並みを一望できる。

蔵王山展望台２階の星空テラス。日よけのパラソルを設置したテーブルや「幸せの鐘」がある。

ソースを選べるパノラマパンケーキ 500 円。

Menu

コーヒー	250 円
紅茶	250 円
ビーフシチューセット	850 円
田原ポークカレーセット	850 円
パスタセット	850 円
ミートソースパスタ	600 円
パノラマパンケーキ	500 円

夕焼けや星空を眺めるスポットとしても人気だよ

Information

☎ 0531・22・0426

住所●田原市浦町蔵王 1-46
営業時間● 10：00 ～ 16：00
定休日●火曜
駐車場● 135 台
客席● 28 席（全席禁煙）
http://www.tahara-tmo.com/zaosan
アクセス●豊橋鉄道渥美線三河田原駅から展望台まで車で約 15 分。駅からハイキングコース入口までは車で 5 分ほど。ハイキングコースの所要時間は約 30 分

左側の建物がギャラリーで右側の白い壁が「茶房 お花」。緑に包まれた階段を上るなど周囲の散策も楽しい。

蒲郡

茶房 お花

さぼう おはな

形原温泉の奥にある すてきなギャラリーと茶房

蒲郡市の山間にある温泉地、形原温泉の街並みを抜け、かつて三ヶ根山山頂へのロープウェイ乗り場があった場所に広がるのが「カジェルの森」。言の葉墨彩画家として知られるひろはまかずとし氏の作品を集めたギャラリーだ。その一角、レンガ造りの切符売り場だった建物を改築したのが「茶房 お花」。ひろはまかずとし氏の作品が飾られた店内は、アンティークのステンドグラスやランプなどの味わい深い調度品で彩られ、ゆったりくつろげるレトロな雰囲気に包まれている。

隔月で内容が変わる「お花ランチ」には、季節のものを中心に、できる限り地元産の食材を使用。手作りの優しい味わいが魅力だ。限定5食のフレンチトーストは、一晩漬け込んでふわふわの食感に。注文後に一杯ずつドリップして提供するコーヒーにもこだわっている。

店内の壁にはいたるところにひろはまかずとし氏の作品が。

Menu

お花ランチ	1080円
ハヤシライス	865円
カレーライス	865円
コーヒー	435円
はちみつコーヒー	498円
お抹茶	650円
アイスクリーム	540円

こだわりのお花ランチ。写真は菜の花と桜エビのオムライス。

アンティークの調度品に囲まれた店内。シックで落ち着いた雰囲気の中、ゆったりとくつろげるのがいい。

数量限定のフレンチトーストはふわふわ♪

Information

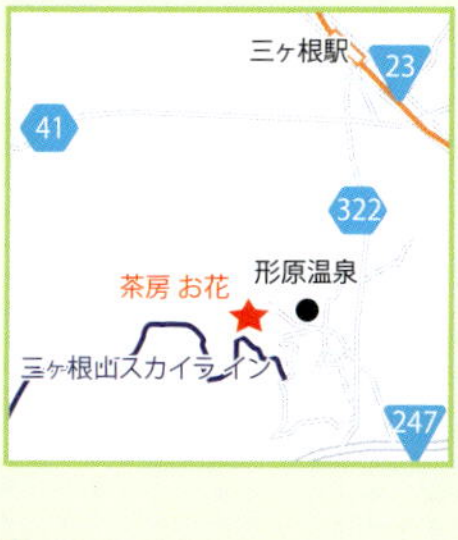

☎ 0533・57・4308

住所●蒲郡市金平町上の坊 20
営業時間● 9：00～17：00（LO16：30）
定休日●無休
駐車場● 10 台
客席● 24 席（全席禁煙）
http://www.kajel.com/
アクセス● JR 東海道本線三ヶ根駅から車で約 7 分。形原温泉に向かい、温泉街の坂道を上がった先にある

知人の設計士に依頼してこだわりの空間を実現。コーヒーには一目惚れした作家のカップをセレクトする。

豊川

cafe gradual

カフェ グラデュアル

白と木目が美しい店内でゆったり味わう絶品ランチ

豊川市の閑静な住宅街の一角に佇む「cafe gradual」。オーナーの野本雅代さんが、ご主人の実家に建つ古い倉庫をリノベーションしてオープン。「いつかは自分のカフェを」という積年の夢を実現させた店だ。

外壁は木で覆い、漆喰塗りで仕上げた店内には、白と木目を基調とした空間が広がっている。野本さんお気に入りのアンティークの家具が置かれ、手作りのドライフラワーが彩りを添える。倉庫とは思えない温もりあふれる空間が広がっている。

ホテルの朝食を思わせる豪華なブレックファーストのほか、本格的な味わいのビーフシチュー、前菜３種と主役の料理を一皿に盛り合わせた「今日のお昼ごはん」などが人気。アップルパイは作り置きせず注文を受けてからオーブンへ。30分ほどかかるが、焼きたてのサクサクとした食感がたまらない。

店内には野本さんが手作りするドライフラワーも置かれる。

Menu

ブレンド	450円
エチオピア	450円
グアテマラ	450円
今日のお昼ごはん	1200円
シフォンケーキ	450円
チーズケーキ	450円
チョコレートケーキ	450円

野菜いっぱいの今日のお昼ごはん。雑穀ごはん付き1200円。

自宅にいるような居心地の良さを目指した店内。奥には小さなギャラリーも併設されている。

熱々サクサクのアップルパイはぜひ食べたい

Information

☎ **090・2688・6940**

住所●豊川市蔵子 2-2-1
営業時間● 9：00～17：00
定休日●日曜・第 1、3 月曜
駐車場● 6 台
客席● 14 席（全席禁煙）
https://www.facebook.com/toyokawacafegradual/
アクセス●名鉄名古屋本線小田渕駅から徒歩約 15 分。国道 1 号線桜町交差点を曲がり、蔵子二丁目交差点を右折。JA ひまわりを目印に左折した先の住宅地にある

北欧をイメージした店内には雑貨を販売するコーナーも。渥美半島のドライブ途中にぜひ立ち寄りたい。

田原

SAKURA CAFE

サクラ カフェ

緑豊かなロケーション 種類豊富なワッフルが名物

渥美半島を走る豊橋鉄道渥美線の豊島駅近くに、のどかな風景とは一線を画したモダンな外観のカフェが見えてくる。２００４年にオープンした「SAKURA CAFE」だ。

この店のコーヒーは、岐阜県のスペシャルティコーヒー専門店から仕入れた豆を使用。最高品質のスペシャルティグレードで、その年に取れた新豆を使ったオリジナルブレンドを楽しめる。また、食パンには地元田原市の人気パン屋「こもぱん」に依頼し、専用の食パンを焼いてもらっているという。

また、注文を受けてから一つずつ焼き上げるワッフルも、素材選びにとことんこだわる。北海道十勝産１００％小麦を使い、きび砂糖、フランス産の天然海塩などを使用。常時16種類の定番に加え、フレッシュイチゴなどの季節限定のワッフルを味わうこともできる。

のどかな風景の中、直線的なフォルムが目を引く外観。

Menu

サクラブレンド	430円
ヘルシンキブレンド	480円
オーロラブレンド	480円
カフェラテ	500円
セイロンティー	430円
デザートプレート	900円
手作りチーズケーキ	450円

食器には主にフィンランドの「iittala」のものを使っている。

チョコバナナワッフル680円（シングル）。外はサクサク、中はふわふわの焼きたての食感が美味。

開放的な店内でゆったりくつろげますよ♪

Information

☎ 0531・22・3122

住所●田原市豊島町前田8-1
営業時間● 9：00～19：00（LO18：30）
定休日●木曜・第2、4水曜
駐車場● 8台
客席● 24席（全席禁煙）
https://sakuraeat.exblog.jp
アクセス●豊橋鉄道渥美線豊島駅から徒歩約2分。国道259号線を豊島北交差点で曲がり、線路を渡った先にある。近くには田原東部小学校などあり

フォトジェニックな店内は席の間隔も広くてゆったりできる。親子向けにキッズスペースがあるのも魅力。

田原

DIEZ cafe

ディエズ カフェ

自家農園の食材を使ったプレート & マフィンが美味

伊良湖岬に向けて車を走らせる途中、国道42号線沿いに現れるのが「DIEZ cafe」。オーナーの小川史さんは、世界中を旅するうちに珈琲の虜に。その後、各地のカフェを巡った経験を活かし、夫婦で営むカフェを開店した。元呉服屋の古びた建物をリノベーション。店内には巨大な観葉植物に彩られた南国ムード漂う空間が広がっている。

一杯ずつ挽きたて入れたてのエスプレッソコーヒーなどのドリンクのほか、奥さんが手作りする常時10種類以上のマフィンも揃える。３種類あるプレートランチは「チキンポン玉」が人気。味付けは特製のペーニョポンズなど4種類から好みに合わせてセレクトできる。

食材は自家農園の無農薬野菜が中心。青とうがらし「ハラペーニョ」を使って手作りするペーニョポンズは、ピリ辛でいろんな料理に合うと人気拡大中だ。

ペーニョポンズは店頭だけでなくネットでも販売している。

Menu

プレートランチ	
チキンポン玉 塩ハーブ味	850円
ベーコンポン玉	850円
ブーブーポン玉	800円
本日のおすすめマフィン	450円
LATTE みるくコーヒー・M	350円
アフォガード・M	420円

ランチプレートの「チキンポン玉 塩ハーブ味」850円。

異国情緒あふれる個性的な店内。大きな観葉植物が南国リゾートを訪れたような気分にさせてくれる。

手作りのマフィンは種類が多くて迷いそう

Information

☎ 0531・45・3311

住所●田原市赤羽根町天神 73
営業時間● 10：00 〜 16：00
定休日●金曜、第 1、2 木曜
駐車場● 8 台
客席●約 25 席（全席禁煙）
https://diezcafe.com
アクセス●豊橋鉄道渥美線三河田原駅から車で約 15 分。国道 42 号線沿い、中村交差点にある古びたレトロな建物の 1 階

豊川

メルヘンの世界に迷いこんだ気分に はちみつ専門店で味わう極上スイーツ

さんぽ道

さんぽみち

豊川インターから車で 10 分あまり。メルヘンチックな外観が目を引く「さんぽ道」は、カフェ併設のはちみつ専門店。遠方から足繁く通うファンも多いという。

豊川市の旧一宮町出身のオーナーが、「地元を活性化したい」との思いから2004年にオープンしたはちみつ専門店。まるでメルヘンの世界から飛び出してきたようなかわいい建物も魅力。併設されたカフェでは、はちみつを使ったスイーツなどをゆったり楽しむことができる。

奥さんと2人で店を始める以前、オーナーの市川洋至さんは農業資材の会社に勤務。その後、浜松の養蜂場で経験を重ね、45歳を節目に自らの店を構えることを決断。フォトジェニックなスポットを作り上げた。季節ごとの単花の国産はちみつを紹介するほか、地元・豊川市の農産物とコラボしたオリジナルの商品なども展開している。

カフェではちみつを入れて飲むコーヒーや手作りのスイーツなどを提供。隣には土日祝のみ営業の「お菓子のお店 さんぽ道」が。こちらも注目だ。

はちみつのスイーツが満載
お土産選びも楽しい

上：有機農法で栽培されたお茶の葉を使った「つくでの紅茶」648円。左：はちみつシフォンケーキセット1296円。はちみつを使い、しっとりふわふわに焼き上げた一品。下：はちみつ関連の商品がずらり。

ショップに併設されたカフェスペースでゆったりと。窓の外には手入れの行き届いた芝生の庭が見える。

蜂の巣のイメージした小窓もかわいらしい。

Menu

はちみつシフォンケーキセット	1296円
はちみつコーヒー	648円
さんぽ道ブレンドコーヒー	486円
つくでの紅茶	648円
はちみつジュース	486円
ガトーショコラ	594円

女王蜂のVIPルームは
4名以上で予約できるよ

Information

☎ 0533・93・7422

住所●豊川市豊津町釜ノ口64-1
営業時間●9：30～18：00（カフェLO17：30）
定休日●火曜・第1水曜
駐車場●12台
客席●21席（全席禁煙）
http://www.sanpomichi.co.jp
アクセス●JR飯田線長山駅から徒歩約20分。東名高速道路豊川ICから車で約10分、151号線を新城方面に進んで一宮町豊の信号を右折。一つ目の信号を左折

窓の外に緑の木々が映る景色はまるでリゾート地を訪れたような気分に。喧騒を忘れてリラックスできる。

豊川

haag cafe

ハーグ カフェ

ヨーロッパで出会ったアトリエを再現したカフェ

豊川駅から歩いて10分ほど、市街地の一角にある緑に囲まれたオシャレな建物が日を引く「haag cafe」。地元産の果実で手作りした無添加のジャムやシロップのほか、長く使えるものをコンセプトにした手仕事雑貨や書籍を扱う雑貨&カフェだ。

ヨーロッパ旅が大好きなオーナー夫妻が、旅の途中で立ち寄ったアトリエをイメージしたという店内には、古材のインテリアが配され、思わず写真を撮りたくなるような空間が広がっている。ゆっくり時間が流れる晴れの日の午後、本棚からお気に入りの一冊を手に取り、ゆったりと時間を過ごす…。そんなステキなひと時を提供していきたいという。

メニューは地元で採れた食材を使い、丁寧に手作りしたランチやスイーツなどを用意。人気のランチプレートは3種類ほどから選んで楽しめる。

サンドイッチのランチプレート918円。ランチは3種ほど。

Menu

今日のランチプレート	918円〜
今日のスイーツ	486円
オレンジジュース	486円
ドライジンジャーエール	486円
カフェラテ	496円
抹茶ラテ	540円
本日のドリップコーヒー	486円〜

こだわりのコーヒーを味わいながらゆったりくつろぐことも。

愛着を持って長く使い続けたくなるような雑貨をセレクト。一級建築士事務所として住宅設計なども行う。

見た目がかわいい
ドリンクも人気です♪

Information

☎ 0533・89・7430

住所●豊川市馬場町弁天前 97
営業時間● 9：00 〜 16：00
定休日●日曜・月曜
駐車場● 11 台
客席● 18 席（全席禁煙）
http://haag.jugem.jp
アクセス● JR 飯田線豊川駅から徒歩約 10 分。東名高速道路豊川 IC から車で約 10 分

INDEX

【制作】

オフィス・ヒライ

愛知　すてきな旅CAFE　海カフェ＆森カフェ

2018年6月25日　第1版・第1刷発行

著　者　office HIRAI（オフィス・ヒライ）
発行者　メイツ出版株式会社
代表　三渡　治
〒102-0093　東京都千代田区平河町一丁目1-8
TEL：03-5276-3050(編集・営業)
03-5276-3052（注文専用）
FAX：03-5276-3105
印　刷　三松堂株式会社

●定価はカバーに表示してあります。
©オフィス・ヒライ ,2018.ISBN978-4-7804-2036-4　C2026　Printed in Japan.

ご意見・ご感想はホームページから承っております
メイツ出版ホームページアドレス　http//www.mates-publishing.co.jp/

編集長：折居かおる　企画担当：折居かおる　制作担当：清岡香奈